Miron Białoszewski
im Verlag von Urs Engeler

Miron Białoszewski
Die Sonne und ich

Ausgewählt und aus dem Polnischen übersetzt von
Dagmara Kraus und Henk Proeme

Miron und wir

Um eine maßgebende Auswahl der Schriften von Miron Białoszewski (1922–1983) vorzulegen, konzentrierte man sich gewiss eher auf die „frühen Sachen" des Urwarschauer Dichters als, wie hier, auf seine späten – auf Lyrik etwa aus dem kanonischen Band *Obroty rzeczy* („Kreisen der Dinge"), seinem gefeierten Debüt von 1956, das großenteils noch unübersetzt ist. Dort finden sich Białoszewskis berühmteste Texte versammelt: stark durchrhythmisierte Verse, die wirken, als seien sie „laut geschrieben", da für den Vortrag gemacht; manche populär geworden als Chansons. Während das frühe Schaffen mit seinem literaturrevolutionären Impetus und den Impulsen für Generationen von Dichtenden nicht allzu weit von der im Rahmen eigener Inszenierungen entwickelten Theaterpraxis des extrovertierten Bühnenmannes abrückt, hat das lyrische Spätwerk der ausgehenden 70er und beginnenden 80er Jahre, wie es die vier in sich geschlossenen Zyklen dieses Bandes vorstellen, nachgerade gegensätzliche Eigenschaften. Der grammatikaffine Manierist, von der Kritik dank seiner als „linguistisch" gewerteten Schreibverfahren zum Wortführer einer polnischsprachigen Avantgarde erkoren, ist binnen zehn vornehmlich der Prosa und dem Prosagedicht gewidmeten Jahren von einem abgeklärten, bisweilen spröden Realisten abgelöst worden; der „private Dichter" (Maria Janion) hat den idiosynkratischen Sprachemphatiker ersetzt.

So loten Białoszewskis Verse nach 1970 keine gesuchten Spitzfindigkeiten der Grammatik mehr aus, keinerlei stilistischen Grenzgänge, und sie vollführen keine verbalen Saltos mehr, die in neologistischen Zeilen münden. Stattdessen wenden sie sich von aller experimentellen Extravaganz ab und, regelrecht frenetisch, vorgeblich willkürlichen Alltagsereignissen zu, die sie als Popanze mal intimer, mal sozialistischer, immer aber grotesker Banalität ausstellen. Dabei greift der Dichter nach allem, was ihm zufällt. Und er zieht das Komische vor. Im Hochhaus sitzend, einem Plattenbau im zentrumsfernen Stadtteil *Chamowo* („Rüpelsheim"), auf dessen Bezug eine beispiellos fruchtbare lyrische Schaffensphase folgt, kennt dieser lustvolle Beobachter jenen Alltag scheinbar nur vom Hörensagen. Wohl darum versteht er es so gut, beiläufigen Anekdoten Poesie, mitgehörten Gesprächsfragmenten lyrische Mitschriften abzuringen. Hier und da veredelt durch mythische Rahmung, die seine Alltagsszenen überformt, sind Białoszewskis Lauschschriften über die Jahre zu Büchern und von ihm selber kuratierten Kompilationen gebündelt worden – allesamt einem soziokulturell stark durchmischten Umfeld abgehorcht, welchem der Autor schon zu Zeiten der Wohngemeinschaft mit dem legendären Texthelden *Le.*, seinem Lebensgefährten Leszek Soliński (1926–2005), reichlich Wortmaterial verdankte.

Neben dem erwähnten Gattungswechsel, der Rekonversion zur versifizierten Zeile und der Erweiterung des frühen Gelegenheitsgedichts zum zyklischen Schreiben zeichnet sich in den späten Gedichten noch eine andere Verwandlung ab. Sie ließe sich anhand von Namen veranschaulichen: Indes der umtriebige „Mirek", unter vielen anderen Protagonist seiner „Erinnerungen aus dem Warschauer Aufstand" (*Pamiętnik z powstania warszawskiego*, zwei Mal in Folge übersetzt von Esther Kinsky) in den Versen des Bandes *Odczepić się* („Sich loslösen", 1978) längst erwachsen ist und verdrängt wurde von einem feisten Herzkranken, der sich nicht scheut, als Witzfigur dazustehen und selbstironisch seine „Dritten" zu bedichten, scheint der Autor als Erzähler und Sprechstimme allmählich zu weichen. Es gewinnen bizarre Alter Egos und simulierte Para-Ichs die Oberhand, weltgeschichtlich belanglose Nebenfiguren, die Miron Białoszewski bis zu seinem verfrühten Tod begleiten werden. Es ist dies die Sublimierung, zugleich die Verinnerlichung seines frühen Theaters – als Theater sowohl anderer Inhalte als auch anderer Mittel.

Hatte sich der Dichter zuvor und wohl angesichts der perpetuierten Verwandlungen in dem Gedicht *mylne wzruszenie* („irrige Rührung") als „der Białoszewskige" (*Białoszewskawy*) von einem Identisch-Sein mit sich selbst zugunsten einer stets vager werdenden Ähnlichkeit entfernt, verkörpert sich die Stimme des Spätwerks gern in Frauengestalten. Zwei von ihnen, die umfangreiche Gedichtzyklen hinterlassen, sind „Tante Angela", polnisch *ciotka Aniela*, und die „Alte aus der Platte", die man sich als abgefeimte „baba" (kontextgebunden eine Bezeichnung für „Weib") vorstellen muss. Białoszewski spielt hier ein neues, radikaleres Rollenspiel mit seiner Lesendenschaft. In Tantenkleidung, bestehend aus dem im Gedicht ererbten Retropullunder, erfreut sich dieser Ausbund an Ausgefuchstheit am Austeilen köstlicher Gemeinheiten. Dabei träumt das „Ersie" dieser Verse – oder „Sier", obwohl es sich ebenso wenig um eine queere wie misogyne Persönlichkeit handelt – manchmal von

Schleier und Hochzeit. Will aber zeitgleich partout nicht „kalben“. Wird dann fast überfahren und flucht. Beklagt hämisch den Hühnerklau und begegnet vor dem forcierten Zubruchgehen einer Scheibe im Treppenhaus einem sukkulenten Wiedergänger. Verschafft Anderen, ihre Freizeit vereitelnd, per Sabotage ungefragt kathartische Momente. Dann drängt sich mit metaphysischer Wucht unversehens die Sehnsucht nach einer Blumenkohlsuppe auf. Oder es wird hinter zugezogenen Gardinen vor der (oder vielmehr für die) Nachbarin so getan, als flatterte jemand mit Engelsflügeln. Andernorts wiederum treffen wir eine sinnierende Frau auf dem Friedhofsbänkchen an, wo sie neben dem ehemals untreuen Gatten sitzt, um dem gemeinsamen Leben nachzuhängen. Wieder anderswo wird uns ein verführtes Text-Ich präsentiert, das sturzbetrunken und mit vor Erbrochenem verklebtem Gesicht halb ohnmächtig auf dem Boden unter herabrieselndem Schutt liegt, um nach dem herrlichen Besäufnis das Haus nie wieder zu verlassen.

Hier die schadenfrohe Nachbarin, dort eine allwissende Sphinx: Endlose poetische Variationen, einen schier unendlichen Vorrat an Gedichten, lyrischen Notaten und Ellipsen birgt der so schlichte wie verrückte Alltag, wenn man ihn mit den Baba-Augen Miron-Angelas vom hohen Plattenbau-Stock Rüpelsheims aus betrachtet. Nicht umsonst verspricht 1965 einer der Buchtitel enthusiastisch schlaraffischen Überfluss – *Było i było*, wörtlich „es war und es war“, „es gab und es gab“ (oder „es war und es gab“): „Noch und noch“.

Die vorliegende Auswahl und ihre Übersetzung sind in Zusammenarbeit mit dem polyglotten Linguisten Henk Proeme entstanden, alias *Misio Holender* („Holländerpetz“), wie er in den Schriften Miron Białoszewskis genannt wird. Ich hatte das Glück, mit einem virtuosen Kenner des Werkes Białoszewskis umgehen zu dürfen, dessen ehemaliger Nachlassverwalter er als Erbe Leszek Solińskis ist, und zugleich mit einem genuinen Charakter der Versfiktion des Autors. Wie damals im Zuge der Fertigstellung unserer „M'ironien“ (roughbook 054) wieder zu dritt – Henk, Misio Szwajcar und ich – kreisten wir einen heißen Sommer lang um die bleckende Gegensonne Miron.

Dagmara Kraus

Słońce i ja

Die Sonne und ich

Podleciałem
do dzikiego kraju z Wisłą,
już spały te ze skrzydłami
i psy i dwa samochody
między wierzbami jak palmy,
potem uciekałem przed ranem,
zdążyłem,
z okna dopiero zobaczyłem,
dzień
wstawał miękki, ciepły
w kokonie z chmur, mgiełek,
zaróżowiony na dnie,
niedzielowaty.

30 lipca w nocy

Ciepło. Nieruchomo.
Znów zjechałem. Poszedłem
w uliczki Chamowa
między bliźniakowce,
wieżowce,
zielska.
Zielsk tyle, że ojej,
a to zawsze
całe ich skwery, ulice,
wyższe od ludzi
i jeszcze rosną.
Idę na nasyp lotniskowy.
Ciemno, niżej wieś,
psy odganiają.
Krzyż — czytam:

Ich bin rübergelaufen
in das wilde Land mit Weichsel,
es schliefen schon die mit Flügeln
und Hunde und zwei Autos
zwischen Weiden wie Palmen,
dann floh ich vor dem Morgen,
schaffte es noch,
aus dem Fenster erst sah ich,
der Tag
stand auf, weich, warm,
im Kokon aus Wolken, Dünstchen,
am Grunde rosig,
wie ein Sonntag.

30. Juli, nachts

Warm. Keine Regung.
Wieder runtergefahren. Ging
in die Straßen von Rüpelsheim
zwischen Wohnsilos,
Hochhäuser,
hohes Kraut.
So viel Kraut, meine Güte,
es überwuchert
ganze Grünanlagen, Straßen,
übermannshoch,
und wächst weiter.
Ich geh auf den Flugplatzdamm.
Dunkel, unten das Dorf,
Hunde knurren.
Ein Kreuz – ich lese:

„Poległym
w obronie
ojczyzny
w bitwie
ze Szwedami
28, 29 i 30 lipca
1656 roku”.

W tych kumosach.

Akurat się skończyła.
319 lat temu.
No no.

Ruszam, schodzę za wał w dół,
zielska i żółto, świeci woda.
Czy to woda?
Stoi wszędzie, stoi, już
drzewa w wodzie,
patrzę, gdzie ja stoję,
a ja stoję
z drzewami na Wiśle.

„Den Gefallenen
in Verteidigung
des Vaterlandes
in der Schlacht
mit den Schweden
am 28., 29. und 30. Juli
des Jahres 1656."

In dieser Wildnis.

Eben zu Ende.
Vor 319 Jahren.
So was.

Ich breche auf, gehe den Wall hinunter,
Kraut, auch vergilbt, Wasser leuchtet.
Ist das Wasser?
Es steht überall, steht, schon
stehen Bäume im Wasser,
ich schaue, wo ich stehe,
und ich stehe
mit den Bäumen auf der Weichsel.

Topole, świeci woda, kusi

Wychodzę   noc   ciepło
na dole   zielska
rozbuchane.
Chamowo. Idę na mostek. Staję
i się obracam —
wszędzie nasycenie.
Z góry spadają, z Marszałkowskiej
samochody,
sześć taśm
i z powrotem
wielkie miasto się wdrapuje.
Gwiazda — Księżyc
wisi
grochowski,
pół go,
i turecki
po Sobieskim.
Idą trawy przez Siekierki
na Konstantynopol.

Pappeln, Wasser leuchtet, lockt

Ich gehe raus   Nacht   warm
unten   Kraut
wuchert wild.
Rüpelsheim. Ich gehe auf die Brücke. Halte an
und wende mich um –
überall Sättigung.
Von oben, von der Marschallstraße, kommen
Autos runter,
und hinauf,
sechs Spuren –
die Großstadt kraxelt hoch.
Ein Stern – der Mond
hängt
über Grochow,
ein Halbmond –
türkisch
seit Sobieski.
Das Gras zieht durch Siekierki
gen Konstantinopel.

Jan Sobieski, König von Polen von 1674 bis 1696, Besieger der Türken in mehreren Schlachten, insbesondere 1683 als Hauptbefehlshaber in der Schlacht am Kahlenberg, die die türkische Belagerung Wiens beendete.

Przesuwa się,
przegwieżdża

Małe okno.

Stanięcie.

Uwijają się dokoła siebie niskości.

Noc
rwie do tyłu

rano

ziemia paruje.

Lepi się.
Drzewa.
Jeszcze nie ma zwierząt.

Ciut później

Powietrze na blokach
bloki na powietrzu
niebieskie
na drzewach
i samo na sobie
wszystko niebieskie.

To na prawo.

A na lewo
mgła i mgła i
zorza przyleciała
zaowocowała.

Es verschiebt sich,
versternt sich

Das kleine Fenster.

Sich hinstellen.

Senken tummeln sich umeinander.

Die Nacht
zerrt rückwärts

morgens

dunstet die Erde.

Formt sich.
Bäume.
Noch fehlen die Tiere.

Wenig später

Luft um die Platten
Platten an der Luft
Blaues
auf den Bäumen
und auf dem Blau
alles blau.

Das ist rechts.

Und links
Nebel und Nebel und
erstes Licht
es trägt schon Frucht.

Dzień się wyjednakowił
na wszystkie strony
przymglił
w gołębim fiolecie.
Gołębie fruwaniami
skaczą w dół.
Pasma. Które Wisły?
Widoki się przedzierają,
kraczą.

Na moim wysokim mieszkaniu
na tej mojej latarni
i na mnie w niej
blade szaro
tam się daje znać i stamtąd mnie
najraniej, raniej, rano
zamachają
światłocienie
za raz
za dwa
i słońce w ruch
i ja
i ludzie

Der Tag hat sich eingeebnet
hin zu allen Seiten
diesig
taubenviolett.
Flatternd springen
Tauben nach unten.
Streifen. Solche der Weichsel?
Blicke dringen durch,
krähen.

Auf meiner hohen Wohnung
auf diesem meinem Leuchtturm
und auf mir in ihm
zeigt blasses Grau
sich und von da aus
am frühesten, früher, früh
winken
Silhouetten
ein   Mal
zwei   Mal
und   die Sonne   los
und   ich
und   die Leute

Ja
stróż
latarnik
nadaję
z mrówkowca

Nie zabłądźcie.

Bądźcie.

Mijajcie, mijajmy się,
ale nie omińmy.

Mińmy.

My!
Wy! co latacie
i jesteście popychani!

Aniela w miasteczku Foligno
w nocy
stanęła w oknie
i zaczęła
„luudzie!
wstawajcie!
patrzcie!
ja grzesznica!...”
No i powstawali,
słuchali,
może kto i krzyknął
— wariatka!
to nic, uznali
ją za świętą.

Ich
Wächter
im Leuchtturm
sende aus der
Ameisenplatte

Verirrt euch nicht, ihr.

Seid hier.

Geht vorbei, gehen wir vorbei,
aber uns nicht aus dem Weg.

Vergehen wir.

Wir!
Ihr! die ihr fliegt
und geschubst werdet!

Angela im Städtchen Foligno
des Nachts
stellte sich an das Fenster
und fing an:
„Leuteee!!
steht auf!
schaut!
Ich bin eine Sünderin!…"
Und sie standen auf,
hörten sie an,
vielleicht schrie auch jemand
– Die Verrückte!
egal, sie erkannten sie an
als Heilige.

Pewnie, że nie mieli radia,
telewizji,
bo niechbym ja tak teraz w nocy
na Chamowie między wieżowcami
z okna do okien
„ludzie, ja poeta,
ja grzeszny!...”
toby zaraz ten krzyk zabiły krzyki:
— do administracji!
— do administracji!
— radio w nocy każdy może!
— niech pan swoje grzechy schowa dla siebie!

Na 9-tym piętrze siedzę
stoję
w oknie
pilnuję

lecą

przelatują

lecę za nimi całą ławą wieżowca
mrowię się w uniesieniu

kto wy?
kto ja

trzeba wysoko
tak wysoko że do góry nogami
i wtedy
kto my?
a, to wy
to ja
a, a to na mnie te dni

Klar, sie hatten kein Radio,
kein Fernsehen,
und sollte ich einmal nachts
in Rüpelsheim zwischen den Hochhäusern
so aus dem Fenster zu den Fenstern rufen:
„Leute, ich bin Dichter,
ich bin Sünder!…“,
würden sogleich Schreie das Geschrei ersticken:
– Zur Hausverwaltung!
– Zur Hausverwaltung!
– Radio nachts, das darf jeder!
– Behalten Sie Ihre Sünden für sich!

Im 9. Stock sitze ich stehe

am Fenster
passe auf

sie laufen

laufen vorbei

ganz Platte laufe ich hinterher
ich wimmle vor Erregung

wer seid ihr?
wer bin ich

ich soll weit oben sein
so weit dass ich kopfunter sehe
und dann
wer sind wir?
ah, das seid ihr
das bin ich
ah, und auf mich gehen die Tage

Nastrój z dodatkiem

Zielsko i amaranty
kwiatowe

Płyty.
Pusto.
Kwianty.

A można się i zobaczyć we mgle

w samym tle
po sobie

Staać!

Wypuścić niepokój.
Stać spokojnie.
Stać spokojnie.
Ustać się w sobie.
Wpuścić ten święty niepokój.

A teraz można tańczyć i stać,
giąć się i wiać,
jak te z liściami,
jak te z piórami.

Stimmung mit Zusatz

Unkraut und Amarante
blumige

Platten.
Leer.
Blumante.

Und man kann sich auch im Nebel sehen

gegen keinen Grund
als sich selbst

Steeehn!

Die Unruhe rauslassen.
Ruhig stehen.
Ruhig stehen.
Stillhalten.
Dann die selige Unruhe zulassen.

Und jetzt kann man tanzen und stehen,
sich biegen und wiegen,
wie die mit Blättern,
wie die mit Federn.

Przejeżdżam teraz w dzień
kłusem
to te skwery? przeżyciowe
skrócone
gdzie to jest
co było?

w nocy wszystkie zielska szare
większe
w ogóle się dłużyło, szerzyło
na inną miarę
i wcale nie szare
bo szare na szare
jak się odłożyło
to było!

Cały dzień
słońce tu żyje
i cień.
i ja.

Chodzi się
pełznie się

Światło i pół.

I cień.

I ja.

Ich fahre jetzt in den Tag ein
im Trab
sind das diese Grünanlagen? die erlebten
verkürzt
wo ist das
was war?

in der Nacht sind alle Kräuter grau
größer
überhaupt verlängert, verbreitert
auf ein anderes Maß
und gar nicht grau
denn Grau auf Grau
legt man's beiseite
ist's pleite!

Den ganzen Tag
leben hier Sonne
und Schatten.
und ich.

Man geht
man kriecht

Licht und Halblicht.

Und Schatten.

Und ich.

Nie wiem, ile
tego dnia le-
żenia, prze-
słaniania
ile mnie
do dna

A ono, to świecidło
będzie żyło i żyło
bez końca.

A, racja,
koniec słońca będzie.

Kto tego
co tego
doczeka?

A to i tak taka wieczność

A nawet jeśli nie taka
a wieczna wieczność

to i ona ma podszewkę
i ona się wywróci

i zejdzie.

Ich weiß nicht,
wie viel Gelie-
ge heute, wie
viel mich
Zudeckens
im Grunde

Und sie, dies Glitzerding
wird leben und leben
ohne Ende.

Ach, stimmt,
es endet die Sonne.

Wer wird das
was wird das
noch erleben?

Und das ist sowieso so eine Ewigkeit

Und selbst wenn nicht so eine
sondern eine ewige Ewigkeit

dann hat auch die eine Kehrseite
auch sie kippt um

und tritt ab.

———

A tu się wszystko mierzy na oddechy
na tchy.

Ale może i ona oddycha.

Może to wszystko idzie jednym tchem?

Donosimy się
d o n o s i m y

w tym jaju wieczności

a potem się rozlejemy

Przezroczystość
woła

Przelatujcie przeze mnie!

Gębą z dziewiątego w dół
reszta w wieżowcu
na dawnych czasach wiszę
nad nowymi.

Und hier messen wir alles in Schnaufern
in Atemzügen.

Aber vielleicht atmet auch sie.

Vielleicht geht das alles in einem Atemzug?

Wir tragen uns aus
t r a g e n   u n s   a u s

in diesem Ei der Ewigkeit

und dann verschütten wir uns

Die Durchsichtigkeit
ruft

Fliegt durch mich hindurch!

Mit der Schnauze vom Neunten runter
der Rest im Hochhaus
hänge ich an früheren Zeiten
über den neuen.

Ile razy się mieszczę
w tym ilościowcu
w moim pomieszczeniu?

Tak na dobre raz.

A i to nie, bo co i raz
wystaję
wyglądaniami
obawami
uniesieniami.

Łopuch jak ucho słonia
wielki, zielony i ma strzępy.

Może im tylko uszy wystają
a one się tam pasą
te atawizmy
po mamutach
które uciekały przed lodowcem
i się zapadały.

Wie oft passe ich
in diesem Vielstöcker
in meinen Raum?

Genau gesagt einmal.

Und selbst das nicht, denn immer wieder
rage ich hinaus
mit Ausblicken
Befürchtungen
Erregungen.

Eine Klette wie ein Elefantenohr
groß, grün und fransig.

Vielleicht ragen nur ihre Ohren heraus
und sie selbst grasen da
diese Atavismen
der Mammute
die vor der Eiskappe flüchteten
und versanken.

Lato jak liść w rowie
mamucieje, strzępieje.

Podmuch rocznicy powstania.

Słońce puszcza leje
i trąby.

Kostnieje Warszawa.

Wstaliśmy zaspani od zasypania.

— Wszyscy są?!?

1 sierpnia 1975

Der Sommer wie ein Blatt im Graben
vermammutet, franst aus.

Ein Hauch von Aufstandsgedenken.

Die Sonne treibt Trichter
und Tromben.

Warschau verknöchert.

Wir sind verschlafen vor Verschüttung aufgestanden.

– Sind alle da?!?

1. August 1975

Am 1. August 1944 brach der Warschauer Aufstand aus.

Wiersze ciotki Anieli

Tante Angelas Verse

Stolica

Huk.
Nowe życie.
Jak mógł
Mnie trzymać
Ileś lat
W pięciotysięcznym Tiridirycie
Los?

W tym samym miejscu

Bomby
Trafiały.
Mnie nie.

A teraz po tylu latach spokoju
Trąby
Czy aby z nieba?
Czy tylko w uchu?
— Szykuj się
— I tak trzeba
— Bez huku

Hauptstadt

Krach.
Neues Leben.
Fünftausend Tiridira –
Wie konnte es
Mich bloss
So lange halten,
Dies Los?

Am selben Ort

Bomben
Trafen.
Nicht mich.

Und jetzt nach jahrelanger Ruhe
Trompeten
Ob wohl vom Himmel?
Ob nur im Ohr?
– Bereite dich vor
– Kommst nicht umhin
– Ohne Trara

Retro-swetro

-kamizelkę
Przysłała mi Danusia.
Ileś bab z zazdrości siusia.
Ja patrzę na termometro:
Poniżej plus dziesięciu?
Nakładam
Idę
— Co wolno księciu
— Od niechcenia…

Balustradka

Gładka, gładka
I róg.
Najgorsze jej róg
Spotykać, dotykać
Połączonymi niedzielami.

Aleśmy się wypolerowały!

Petunie

Na skwerze
W swoim nudnym miasteczku.
O Boże, takie cienkie…

Co za cieniutka nieruchomość
niecierpliwość
Z dnia na dzień rośnie

Można się urwać.

Den Retro-Sweatro

-Pullunder
hat mir Danuta geschickt.
Vor Neid pinkeln die Zicken sich ein.
Ich guck aufs Thermometro:
Unter plus zehn?
Ich streif ihn über
Gehe los
– Wenn zwei das Gleiche tun
– Mir nichts, dir nichts…

Die Brüstung

Glatt, ganz glatt
Dann ihre Ecke.
Schlimm, auf die Ecke
Zu treffen, sie zu berühren
Von Sonntag zu Sonntag.

Was haben wir uns sattpoliert!

Petunien

Auf der Grünanlage
In ihrem öden Städtchen.
O Gott, wie dünn…

Was für eine dürre Reglosigkeit
Rastlosigkeit
Wächst da von Tag zu Tag

Es ist zum Abreißen.

Obcowanie

Teraz już mogę siedzieć na ławeczce
Przy Marianie.
I da się.
I wypada.

Jak by to powiedzieć?…
Mąż nie mąż…

Dawniej ludzie sz… psz…
I on gorszy,
Kiedy nie leżał tak tu wciąż.

Carski rubel

Wpadł mi w ręce.
Wzruszenie?
Zero.
Tfu!

Miałam iść

No… do tego… e…
Wypadło mi…
Niech leży…
Jeszcze po tym chodzę…

Zusammenleben

Jetzt kann ich schon auf dem Bänkchen sitzen
Bei Marian.
Und es geht.
Und es ziemt sich.

Wie soll ich sagen?…
Meiner, aber…

Die Leute früher tusch… tuschel…
Und er war schlechter,
Als er nicht andauernd so da lag.

Der Zarenrubel

Mir in die Hände gefallen.
Ob ich gerührt bin?
Null.
Pfui!

Ich wollte gehen

Na… zu diesem… äh
Ist mir entfallen…
Lass liegen…
Ich latsch noch drüber…

Matka pani doktór

Przystawiała się do mojego Mariana
30 lat temu.
Nie! 40.
Co się z niej zrobiło?
Święty obraz.
Chyba że się odnowi.

Znajoma zwierza się

Zamyślona z gazetami
W kiosku
Uczę się po włosku
I zapominam.
A po żydowsku
Pamiętam
Sprzed wojny.
Tylko myślałam
E…
A teraz wiem,
Że to delicje.

Blok patrzy w pole
Pole patrzy w blok
— Ty żłobie

Die Mutter der Frau Doktor

Sie hat meinen Marian angemacht
Vor 30 Jahren.
Nein! 40.
Was ist aus ihr geworden?
Ein Heiligenbild.
Es sei denn, sie lebt auf.

Eine Bekannte gesteht

Inmitten von Zeitungen
Im Kiosk sinnierend
Lerne ich Italienisch
Und vergesse es wieder.
Auf Jiddisch aber
Erinnere ich mich
Von vor dem Krieg.
Ich dachte nur
Ach…
Aber jetzt weiß ich's,
Sie hießen Deli-Plätzchen.

Der Block gafft zum Feld
Das Feld gafft zum Block
– Du Fresstrog

Ludzie jak muchy w bloku

Każdy w bunkrze
Na swoim cukrze

———

Deszcz za kominem
Słoik pod figurą

— Proszę pani

Nie wstanę

Habanera

Ta-da Da dada…
Raz pofrunęłam…
Klap!

Okno na deszcz

Szarzeje.
Ja się kleję
Do szyby,
Rozwodzę ze sobą.

Leute wie Fliegen in der Platte

Jeder im Bunker
Auf seinem Zucker

Regen hinterm Kamin
Ein Pott bei der Figur

– Angela, bitte

Ich steh nicht auf

Habanera

Ta-da Da dada…
Einmal bin ich aufgeflattert…
Klatsch!

Fenster zum Regen

Es graut.
Ich klebe
An der Scheibe
Plaudere mit mir selbst.

Śni mi się
Kołdra na niebie.
Śpi za mnie.
Ja taka duża?
Budzę się: serce bije
Na całe mieszkanie.

Gitara?

Owszem.
Zabrzęczałam.
Zapatrzyłam się chociaż to w poprzek
Struny kolejowe
Do Koluszek
Z Koluszek…
Więcej nie grałam
W życiu.
Tym.
W innym?
Zrobię jeszcze mądrzej.

Nie tknę.

Niczego.

Ich träume von

Einem Federbett am Himmel.
Es schläft für mich.
Bin ich so groß?
Ich wache auf: mein Herzschlag
Hallt durch die Wohnung.

Eine Gitarre?

Jawohl.
Ich war erklungen.
Ich gaffte, wenn auch schräg
Die Bahnsaiten
Nach Koluszki
Von Koluszki…
Mehr spielte ich nicht
Im Leben.
In diesem.
In einem anderen?
Stell ich mich klüger an.

Rühre nichts an.

Gar nichts.

Liznął mnie deszcz.
Parasolka… frr… beż…
Idę pod nią.

A tu ta klabzdra
pod swoją.

W tył zwrot.

Tak mi zepsuć świat.

Grzmot!

Psiamać! w przód zwrot,
Wrócił mi wszystko.

A ta się jeszcze uśmiechnęła
— Dzieńdobery

Wyglądam oknem
Na rynnę z Biernacką.

Już widzi.

Łokcie to łokcie.
Mam jak wszyscy.

Ale po co się zdradzać
Ze skrzydłami?

Udaję, że są firankami.

Trochę niech jej miga.

Der Regen hat mich geleckt.
Der Schirm… frrrr… beige…
Ich unter ihm.

Und da diese Vettel
unter ihrem.

Rechtsumkehrt.

Mir so die Welt zu verderben.

Ein Donnern!

Verdammt! Wieder rechtsumkehrt,
Alles wieder wie zuvor.

Und da lächelt die noch
– Gunntaaach

Ich schaue aus dem Fenster
Auf die Traufe mit der Bjernatzka.

Sie sieht es.

Ellenbogen halt.
Wie alle haben.

Aber wozu
die Flügel verraten?

Ich tue so, als wären es Gardinen.

Soll es ihr flirren.

Akurat medytuję

…i gada napada… a zbada to da radę
— Co to jest?

Parkan w strachu, pustka…

To Mikulska
Na sąsiada
Wylewa stres

Ukradła mi kurę

Myśli, że nie wiem.

Ja to przetrzymam.

Jej za to spypciała mowa
— co, co to too… oko… na oko… ko
A przelatuje szosę też ostatnio jak kura.

— Fibzia, spokój!

Gorąco.
Słono.

Słupie przeznaczenia.

A gdyby mnie nigdy nie wstawiono
w ten świat?

Gerade meditiere ich

…und schwätzt hetzt… und schätzt sie schafft sie es
– Was ist das?

Ein erschrockener Zaun, Leere…

Da schüttet die Mikulska
über dem Nachbarn
ihren Stress aus

Sie hat mir ein Huhn geklaut

Denkt, ich wüsste es nicht.

Ich halte durch.

Dafür ist ihr die Sprache verhuhnt
– doch, koch doch kost… komm doch… komm… ko
Auch saust sie neuerdings über die Straße wie ein Huhn.

– Fifi, Ruhe!

Heiß.
Salzig.

Säulengeschicke.

Und hätte man mich nie gestellt
in diese Welt?

Tobym nie była Anielą
Przypadku
Wczutą w żonę Lota
Po skarceniu kota
Ale i po stłuczeniu atomu.

— Nie, pani Stasieczko
Nie pożyczę stu.
Pięćdziesiąt.
Daję.
Niech pani się pospieszy,
Ja też mam do załatwienia.

Wzięła i poszła.

Wreszcie sama.
Klepanie poduchy.
Natchnienie.
Piżama.
Rozmyślenie.
Kapcie, bez kapci.

To najlepsze.

Międzybycie.
Nieraz nic nie zostaje.
Ale pęd przez noc
To jest coś…
I stacja „WYRO" o świcie.

Dann wäre ich nicht die Angela
Des Zufalls
In Lots Frau versetzt
Nach Bestrafung der Katze
Aber auch nach der Atomzerschlagung.

– Nein, liebe Staschka
Ich leih Ihnen keinen Hunni.
Nen Fuffi.
Den geb ich.
Aber beeilen Sie sich,
Ich hab auch was zu besorgen.

Sie nahm ihn und ging.

Endlich allein.
Kissen aufschütteln.
Eingebung.
Schlafanzug.
Mal überlegen.
Latschen, keine Latschen.

Das ist das Schönste.

Das Zwischendasein.
Manchmal bleibt einem nichts.
Aber die wilde Fahrt durch die Nacht
Das ist was…
Und halten bei „AUFSTE" im Morgengrauen.

Tęsknota
Za kalafiorową
Zupą.

A zrób ją sobie, półwdowo.

Ależ tu nie w jedzeniu smaku
Tajemnica.
Ona w idei smaku.
W idei nadziei.
Estetycznej.

W grzechu
Lubości
Między zmysłem łyku
A niedojściem do
Dosłowności.

Uklękłam przed samochodem
Mimochodem
Bo mnie szturgnął.
Więc się gramolę.
Podbiega kilka pań,
On nie. Na miejscu. Blady jak dreszcz.
Krzyczę
— Barani draniu!
Masz szczęście!
I ja też.

Sehnsucht
Nach Blumenkohl-
Suppe.

Na mach dir, Halbwitwe, eine.

Aber nicht im Essen liegt
Das Geschmacksgeheimnis.
Es liegt in der Geschmacksidee.
In der Idee von Hoffnung.
Der ästhetischen.

In der Sünde
Der Wonne
Zwischen dem Schlucksinn
Und dem Nichterreichen der
Buchstäblichkeit.

Ich kniete vor dem Auto nieder,
En passant,
Es hatte mich gerammt.
Ich rapple mich also auf.
Paar Damen laufen herbei,
Er nicht. Bleibt sitzen. Bleich wie die Wand.
Ich brülle
– Dummer Lump!
Hast Schwein gehabt!
Und ich auch.

Śniło mi się
Że coś jem
Patrzę, a ja w rowie
A co jem?
Wiem że wiem
Ale to nic nie powie.

Nawet mi świta
coś na „e"

Prze —
          budzenie…

Welon mi zakładali
Też we śnie.
W szafie.
Dwa, trzy.
Pan młody czwarty.
Na ścianie
Wisi, głosi
— „Ja tylko jego obraz,
   Bądź jednak dla mnie dobra,
   Artystko,
   Kochaj mnie".

Spada,
A ja staczam się
Z łóżka, i budzę, jak bodę
Na podłodze
Poduchę.

Ja, która duchem…

Mir träumte

Ich esse was
Gucke, da sitze ich im Graben
Und was esse ich?
Ich weiß ich weiß es
Aber das will nichts heißen.

Sogar schwant mir
etwas mit „e“

Er –
        wachen…

Man legte mir einen Schleier an

Auch das im Traum.
Im Schrank.
Zwei, drei.
Und vier, der Bräutigam.
An der Wand
hängend sagt er
– „Ich bin nur sein Bild,
   Sei dennoch gut zu mir,
   Künstlerin,
   Liebe mich.“

Er fällt runter,
Und ich rolle aus
Dem Bett, wache auf, wie ich
Auf dem Boden
Das Kissen ficke.

Ich, die ich im Geiste…

Być krową

Czy ja wiem?
Żyć trawio.
Żucio śnić.
Gębą z podmuchem pić i pić
Całe wiadro?

Dojenie
Nie, nie, racja!
Cielić się nie chcę…

A anielić?

Trzeba mieć równy lot
I dobry głos.

A ja już schrypłam.
W kościach też.

Nicość to nie najgorsza rzecz.

Kto co? Bo ja…

Ta ma chatę.
Ta ma wóz.
Tej zięć na Antarktydzie.

Mnie w miejscu idzie.

Chóry na drutach

Usiadły
Kraczą aż zbladły.

Spadły.

Kuh sein

Was soll ich sagen?
Grasend leben.
Kauend träumen.
Mit dem Schnaubmaul trinken und trinken
Den ganzen Eimer?

Gemolken werden
Nein, nein, stimmt!
Kalben will ich nicht…

Und Engel werden?

Da muss man einen steten Flug haben
Und eine gute Stimme.

Und ich bin schon heiser.
Auch in den Knochen.

Nichtigkeit ist nicht das Übelste.

Wer was? Denn ich…

Die hat ein Haus.
Die hat ein Auto.
Und die da einen Schwiegersohn in der Antarktis.

Mein Treten an Ort und Stelle.

Chöre kamen sich auf Drähte

Setzen
Krächzen wie besessen.

Schon vergessen.

Stacja

— Sto minut opóźnienia

Co to zmienia?

Mnie nic.
Innym wszystko.

Inni — latawce przyszpileni.

Ja — oderwistką.

Nie doszło

Świt świta.
Klucz zgrzyta.
Do mnie?
Kto?
Matko Bo…

Chwilka.

I głos

— Złodziej.
Ale to omyłka.

Z czego żyję

Dwudziesty dziewiąty
Wywąchał kąty,
Grosza nie napaskudził.
A tak łudził.

Pamięta mnie moja renta
Czy nie pamięta?

Der Bahnhof

– Hundert Minuten Verspätung

Was macht das?

Mir nichts.
Anderen alles.

Die Anderen – aufgespießte Drachen.

Ich – die Losreissine.

Nichts passiert

Der Morgen graut.
Ein Schlüssel knarrt.
Zu mir?
Wer?
Heilige Mu…

Moment.

Eine Stimme

– Diebe.
Bloß ein Versehen.

Wovon ich lebe

Der neunundzwanzigste
Schnüffelte in allen Ecken,
Hat keinen Groschen noch erwischt.
Dennoch so danach gefischt.

Denkt meine Rente wohl an mich
Oder tut sie's nicht?

Wschód słońca. Trzydziesty.
Teraz zacznę z sobą testy
Na wytrzymałość.

Trzydziestego pierwszego
Wzięłam się w całość.
Na pocztę! Do celu!
Tam zauważono, że zawieruszono.
— Pani Helu…
Znaleziono.

———

Słońce zżółkło
I pies.
Południe.
Woda wpija się w studnię.

Mnie coś wynosi
Jak pył,
Kurz.

Była.
Sobie. I już.

Nie będę po sobie płakała
W piachu
Będę się turlała
— Acha cha u chu chu…

Sonnenaufgang. Der dreißigste.
Jetzt fange ich an, meine
Ausdauer auszutesten.

Am einunddreißigsten
Reiße ich mich zusammen.
Zur Post! Aufs Ziel zu!
Dort merkt man, Fehlanzeige.
– Gnädige Frau Helene…
Gefunden.

———

Gilben von Sonne
Und Hund.
Mittagsstund.
Wasser versickert im Brunnen.

Etwas treibt mich empor
Wie Dust,
Staub.

So lebte sie.
Vor sich hin. Und aus.

Beweinen werd ich mich nicht
Im Sand
Werd ich mich wälzen
– Aha aha a hihi hi…

Wiersze baby z bloku

Verse der Alten aus der Platte

Ja czarownica? — dobrze

Ja baba z bloku
Mam blok na oku.
Wystarczy ruch rzęs:
I blok rozchrzaniony jest!

Spięcie

Stałam pod blokiem
Szła baba z kokiem,
Zmierzyłyśmy się oczami
I futrami.
Zjeżyłyśmy
i cofłyśmy.

Ja do niego

— Podsłuchują nas przez wentylator
Już ja wiem.
Nocą.
Nie mają po co.

Podjęcie

Widzę że ma dyżur
Pani Telewizór
Obie dziś dziś mamy pralnię,
Urządzę jej zagłuszalnię
Oraz katarzis

Ich eine Hexe? – okay

Ich, Alte aus der Platte
hab die Platte fest im Blick.
Ein Zwinkern rüber:
Und die Platte ist hinüber!

Angespannt

Ich stand vor der Platte
Da ging die mit dem Dutt
Wir musterten uns mit Blicken
Und Pelzen.
Sträubten uns
und machten kehrt.

Ich zu ihm

– Sie belauschen uns durch die Lüftung
Weiß ich doch.
Nachts.
Nichts zu holen.

Beschluss

Ich sehe Frau Glotze
Ist auf dem Posten
Heut wasch ich zu Ende
Stör ihr den Sender
Da kriegt sie Katharsis

Prze…

Przegnałam go,
bo mu schło,
pił, piał

Płaczę, bo czczo?

Stempluję karty denty
styczne do renty
chałupniczo
w bloku, akuku!
w drugim.

Wró…

Wrócił niby po rzeczy,
z nim pijak sobowtór.
Ja
— tfu!
Chcą mnie bić.
Ja do drzwi
— ratunku!
Znikli mi.

Fort…

Hab ihn fortgejagt,
weil er dorrte,
soff, sang

Ich heule, was sonst?

Die Rente ergänzend stemple ich
Zahnarztkarten
Heimarbeit
in der Platte, schau eine an!,
nebenan.

Zurü…

Er kam zurück für sein Zeug,
mit noch so einem Säufer.
Ich
– Pfui!
Wollen mich prügeln.
Ich zur Tür
– Hilfe!
Weg waren sie.

Co się stało?

Przestało padać
po ziemi i niebie

do okien!

blok w blok
pięćset bab z dziećmi
z psami
patrzy na siebie

tak, o Panie
świećmy
piętrami
nad swoimi duszami
swoimi duszami

Mrówki blokówki

Znikły
Wszystkie
Co to znaczy?
To gorzej czy lepiej?
Dla wszystkiego
ratuj się! kto może
i czego się da
się czepiaj!

Was ist passiert?

Kein Regen mehr
auf Erden und am Himmel

zu den Fenstern!

Platte auf Platte
Hunderte Weiber mit Kindern
und Hunden
blicken sich an

so, o Herr
leuchten wir
Stock für Stock
unseren Seelen
mit unseren Seelen

Plattenameisen

Alle
Verschwunden.
Was heißt das?
Ist das schlecht oder gut?
Auf jeden Fall
rette sich, wer kann
und was sich ergibt
das pack an!

Winda
Piętro?
Kto gdzie z kim?
Przechodniu
zadrzyj głowę
do głowy w tym oknie.
Do niej trzeba zgadywać
ona ci odszczeknie.
Podejdź, nie żałuj kroku,
nie zgadniesz — przepadniesz;
zgadniesz, rzuci się ona;
a ona to ja
Sfinks bloku.

Dalekie grzmoty.
Niebo w papiloty.

Im Aufzug
Welcher Stock?
Wer wo mit wem?
Passant
hebe den Kopf
zum Kopf in diesem Fenster.
Quatsche ihn an –
er blafft zurück.
Tritt näher, geiz nicht mit Schritten,
irrst du – verlierst du;
errätst du sie, platzt sie;
und die bin ich,
die Sphinx der Platte.

Ein fernes Gewitter.
Der Himmel in Glitter.

Zrobiłam wieczór autorski
na korytarzu.
Na drugi dzień ta czedżącza
zaczęła tworzyć od razu.
Po niej dwie z parteru.
Jestem wzburzona.
Wszędzie słychać
„i ja potrafię”.
Mają wprowadzić blokową
wierszo-terapię.

Wiersz baby z bloku

Winda windzie
z udźwigu nie wyjdzie

Wiersz baby z drugiego bloku

Winda windzie
Liny nie przegryzie

Ich hab auf dem Flur
eine Lesung gemacht.
Am nächsten Tag fing die Nölige
mit dem Schöpfen gleich an.
Nach ihr zwei vom Parterre.
Ich bin empört.
Überall tönt es
„kann ich auch".
Sie planen jetzt in der Platte
eine Verstherapie.

Vers der Alten aus der Platte

Ein Lift geht dem andern
nicht aus dem Lift

Vers der Alten aus der andern Platte

Ein Lift beisst dem andern
das Seil nicht ab

Fafultety

Fasultäten

Pani Anna na Hożej opowiada:

— Do Mediolanu podwoził ktoś samochodem nieznajomą. Zapowiedziała trzęsienie ziemi. W pewnym momencie już jej nie było, na siedzeniu leżał paszport na osobę nieżyjącą od 10 lat. Podobno ileś takich zjaw.

Po Dziadku

Przyjechała z dwoma kogutami ze wsi, ze starą gosposią, 82 lata, do Jadwigi na Hożą.

Dostała tu po nie swoim Dziadku koszule, krawaty, palto, ubrania, łapała w toboły, wiązała sznurami, gosposia o niej

— Szczęśliwa.

Jak wszedłem, pytam gosposi

— Jak się pani czuje?

Klasnęła w ręce, zakręciła się

— A dobrze.

Tamta, już spakowana, chciała dzwonić, studiowała telefony i jednocześnie opowiadała

— Zamordowali kobietę z wytwórni drobiu, ktoś tam podkradł gęś, drugi widział, ten tego pobił, ta miała świadczyć, może to o to, dwadzieścia jeden ciosów nożem, pochowali ją w peruce.

Poszły obie spać w kuchni na jedno łóżko za firanką.

— Niech pani śpi w pokoju po Dziadku.

— Ja nigdy nie byłam bojąca ludzi, napadną, to napadną, ale duchów to się zawsze bałam.

Anna von der Munterstraße erzählt:
– Jemand fuhr eine Unbekannte im Auto nach Mailand. Die kündigte ein Erdbeben an. Auf einmal war sie nicht mehr da, auf dem Sitz lag der Pass einer Person, die schon zehn Jahre tot war. Angeblich gibt es mehrere solcher Erscheinungen.

Vom Großvater

Sie kam mit zwei Hähnen vom Dorf, mit der alten, 82-jährigen Haushälterin, zu Jadwiga in die Munterstraße.

Dort bekam sie Hemden, Krawatten, einen Mantel und Anzüge vom fremden Großvater. Während sie die Bündel mit Seilen zusammenband, sagte die Haushälterin

– Du Glückliche!

Als ich hereinkam, fragte ich die Haushälterin

– Wie fühlen Sie sich?

Sie klatschte in die Hände und drehte sich um

– O, fein.

Die Andere, schon fertig mit Packen, wollte telefonieren, suchte die Nummer und erzählte dabei

– Sie haben eine Frau aus einem Geflügelbetrieb ermordet, jemand hat dort eine Gans geklaut, einer hatte es gesehen, ein Anderer hat ihn verprügelt, sie musste aussagen, vielleicht deswegen, einundzwanzig Messerstiche, sie wurde mit Perücke begraben.

Sie legten sich beide in der Küche zum Schlafen auf ein Bett hinterm Vorhang.

Ballada bez porwania

Na swój wernisaż za granicę leciała
stewardesę uprzedziła
żeby ją budziła
w obcym języku
tamta odwrotnie zrozumiała
a ta co leciała
przebudziła się, spojrzała
i widzi że
to hangar

Tu ona spóźniona
a wie że tam czekają
i taka niezrobiona
musiała wyjść
bez schodków

Szła przez płytę i szła
aż budynek, megafony
plum plum z dz aa
plum plum z dz yy csss
czeka pan z kwiatami
zdziwiła się
skąd ją poznał że to ona
bo miały być dwie

– Schlafen Sie doch in Großvaters Zimmer.

– Vor Menschen habe ich mich nie gefürchtet, greifen sie an, greifen sie eben an, aber vor Geistern hatte ich immer Angst.

Ballade ohne Entführung

Sie flog ins Ausland zu ihrer Vernissage
bat die Stewardess
in der Fremdsprache
sie zu wecken
die aber verstand das Gegenteil
und sie die flog
wachte auf, schaute hinaus
und sieht, sie ist
im Hangar

Sie ist spät dran
und weiß, man wartet auf sie
und so unzurechtgemacht
muss sie aussteigen
ohne Treppe

Sie läuft und läuft über das Flugfeld
endlich das Gebäude, Lautsprecher
plumm plumm tz tsch aa
plumm plumm tz tsch üü zsss
ein Herr wartet mit Blumen
sie wundert sich
woher weiß er dass sie es ist
es sollten ja zwei kommen

Fermanta

wchodzi do kuchni
— pss…
kto ją kusi?
— pss
strach
ale wraca
— pss — butelka z soczkiem
— pss — druga
próbuje
— pss… pss… — następne
upiła się
śpi
nagły podryw, przebicie sufitu
pss
nad kuchnią dziura

ojciec jej wrócił, woła
na dole tynk, coś się kłębi
papiery, zadarł głowę
w górę ją porwali?
pss
poszedł

wstała z papierów
ps… ps…
ulepiła swój portret z soczków,
tynku i z tego, w czym spała
a potem poszła chyba
w mieszkania głąb
bo dalej nie wychodziła
nawet raz na rok

Fermente

sie kommt in die Küche
– pffs…
wer lockt sie denn da?
– pffs
sie erschrickt
kommt aber zurück
– pffs – eine Flasche Saft
– pffs – eine zweite
sie kostet
– pffs… pffs… – die nächste
sie betrinkt sich
schläft
schrickt auf, die Decke bricht durch
pffs
über der Küche ein Loch

ihr Vater kommt heim, ruft
unten Putz, Staubschwaden
Papiere, er schaut nach oben
wurde sie entführt?
pffs
und geht fort

sie steht auf aus den Papieren
pf… pf…
hat ihr Selbstbild geleimt aus Säften,
Putz und aus dem, worin sie geschlafen
und dann ist sie wohl tiefer
in die Wohnung gegangen
denn sie kam nie mehr heraus
kein einziges Mal

zostawmy ślad
dla każdego coś
ps
ps

Denderowianka

Jestem Denderowianka.
Nie wiem, co to znaczy.
Przyjdzie kontrol.
Przyjdzie kontrol.
Zapytajcie.

Skończyłam pięć fafultetów.
Nie pasłam nigdy krów.

Kto to leci?
Odrzutowiec.
Narzeczony.
Zrzuci paczkę.
Zrobię kaczkę.

Bz… ps…
Pomyliłam proporcje:
To mucha.
Ej, pojadę do ministra.
Opowiem swoje koleje.
I zemdleję.

geben wir Zeugnis
für jeden etwas
pf
pf

Denderowianka

Ich bin die Denderowianka.
Ich weiß nicht, was das heißt.
Kommt Kontrolle.
Kommt Kontrolle.
Fragen Sie nur.

Fünf Fasultäten hab ich absolviert.
Kühe habe ich nie geweidet.

Wer fliegt denn da?
Ein Düsenjet.
Mein Verlobter.
Wirft er ein Paket ab.
Mache ich Kebab.

Bzz… pss…
Ich hab was verdreht:
'S ist 'ne Fliege.
Ey, ich fahre zum Minister.
Erzähle meine Wechselfälle.
Und kipp um auf der Stelle.

Pani Pracula

teksty
przeszpula,
w maszynę
bije,
jak żółte
światło
herbatę
pije,
głośniej
gdzie co,
leci,
ciszy,
zwalcza
zło
i myszy.

Kaktus Feluni

Felunia miała kaktus.
Współczesny. Liściasty.
Ona była pół-yoginka
pół-raptus.
Kiedy w niej coś chciało psieć,
pierwszy zaczynał łysieć.
I rósł. Na pół pokoju.
Coraz więcej jej zabierał miejsca
do tańca
i do postoju.
Tańczyła przy gościach
i przy sobie

**Frau Ar-
beitsbiene**
spult
Texte durch,
haut in die
Maschine,
wie gelbes
Licht ist
der Tee, den
sie trinkt,
hört sie
Streit,
rennt sie hin
und dämpft,
kämpft gegen
Böses
und Mäuse.

Felas Kaktus

Fela hatte einen Kaktus.
Einen modernen. Mit Blättern.
Ihr Wesen war halb Yoga,
halb Raptus.
Drohte ihr Trübsal,
wurd er erst kahl.
Und er wuchs. Füllte den halben Raum.
Immer mehr Platz nahm er ihr weg
zum Tanzen
und zum Stehen.
Sie tanzte vor Gästen
und nur für sich

„przeszkadza mi
ale co zrobię?"
Na słowo „wyrzuć"
gięła się jak żółć.
Mieli go jedni wziąć,
już nie przyszli bądź co bądź.
Tańczy, litość, niańczy.
Ona hoża, bo on hoży.
Jemu gorzej — jej gorzej.
Rok mija, dwa mija.
W litości żmija.
Wyniosła go na schody
niepodejrzana.
Wyjechała. Wróciła.
Znikł.
Podejrzał ją ktoś?
Wyrzucił go ktoś?
Czy n i k t ?
Ale powoli powoli
po schodach w szybie
donicowe widmo się gramoli
co noc ani chybiej.
Wody nie wymaga
a dalej uprzedza:
nim ona słaba,
ono się znędza.
Wpadła w złość.
Wróżb dość!
Stłukła szybę:
niech wieje!
Odtąd tańczy
nie psieje
nie łysieje.

„er stört mich
aber was soll ich tun?“
Riet man „schmeiß weg“
wurde sie gallig.
Jemand sollte ihn mitnehmen,
kam ihn aber nicht holen.
Sie tanzt, er dauert sie, sie pflegt ihn.
Steht er wacker, steht sie wacker.
Geht's ihm schlecht – geht's ihr schlecht.
Ein Jahr vergeht, es vergehen zwei.
Im Mitleid steckt eine Natter.
Unbedacht trug sie ihn
ins Treppenhaus.
Verreiste. Kam zurück.
Er war weg.
Hatte jemand sie verdächtigt?
Hatte jemand ihn weggeworfen?
Oder n i e m a n d ?
Aber auf der Treppe
schleppt sich in der Scheibe
jede Nacht ganz langsam
ein Kaktusgespenst.
Es braucht kein Wasser,
mahnt noch immer:
eh sie schwächelt,
ist er elend.
Ihr platzt der Kragen.
Der Weissagung genug!
Zerschlägt die Scheibe:
soll es winden!
Seither tanzt sie
frei von Trübsal,
wird nicht kahl.

Pani Sztywna

jak siadła
nie jadła,
jak jadła
nie mówiła,
jak mówiła
nie siadła.

Wreszcie: i to i to i to.
Zlękli się. Tak jej szło.
Towarzystwo. Żyrandole.
Mąż ją pod pachę
— no już już,
ona
w peruce prowadzona
posłusz…
tylko łypie.
Wszyscy za nią
— pie pie pie

Potrzeby

Kładzie się, gasi
a tu za oknem świeci, stoi
nic innego, tylko obiekt latający.
Zasypia, budzi się:
w oknie stoi
— obiekt latający.

Frau Steif

saß sie –
aß sie nicht,
aß sie –
sprach sie nicht,
sprach sie –
saß sie nicht.

Schließlich: dies und das.
Sie erschraken. Wie es ihr ging.
Die Gesellschaft. Die Kronleuchter.
Ihr Mann nimmt sie am Arm
– ruhig Blut,
sie
in Perücke geleitet
gehors…
rollt nur die Augen.
Alle reden ihr nach
– irr irr irr

Bedürfnisse

Sie legt sich hin, Licht aus
und da vorm Fenster leuchtet, steht
nichts weniger als ein Flugobjekt.
Sie schläft ein, wacht auf:
im Fenster steht
– ein Flugobjekt.

W dzień patrzy: nic.
Idzie do sąsiadki
— widziała pani w nocy w oknie?
— widziałam
idą do trzeciej
— stoi?
— stoi
— obiekt latający.

Wieczorem sprawdzają,
to dźwig.

— dźwig? — Lu. na to —
to tęsknoty mistyczne

Wypadkowa

Lubiła secesję.
Miała depresję.
Teraz medytuje.
Coś na „ę".
Wibruje.

Do inicjacji
była pewna lewitacji.
Już
się nie unosi.

W gościach
— gdzie wschód?
Siada.
Zamienia się w ciepły lód.

Tagsüber schaut sie: nix.
Geht zur Nachbarin
– haben Sie’s nachts vorm Fenster gesehen?
– jawohl
sie gehen zur Dritten
– steht’s da?
– jawohl
– ein Flugobjekt.

Am Abend schauen sie nach,
es ist ein Kran.

– ein Kran? – Ludwig darauf:
das sind mystische Sehnsüchte

Die Resultante

Sie liebte Secession.
Hatte eine Depression.
Jetzt wird meditiert.
Etwas auf „-ung“.
Vibriert.

Vor ihrer Initiation
glaubte sie an Levitation.
Jetzt
erhebt sie sich nicht mehr.

Auf Besuch
– wo ist Osten?
Sie setzt sich.
Verwandelt sich in warmes Eis.

Wierzy, że tamci dalecy
krążą blisko.
Maca plecy
i skok!

Dyszel Wielkiego Wozu

Chodziła do psychiatrki,
tamta do niej
— gwiazdeczko
a dziś
— kijem bić!

Równanie z dwiema niewidomymi
pana Gracjana
który obie prowadzi pod dwie pachy,
obu słucha
na dwa „yhy"

Kuzynka czyli moloyoga

Nie cierpi wody w zimie, trzęsie się, wiatr
ale prowadzi ją na molo
codziennie
niewidomą
medytującą
co ileś tu zjeżdżającą
przeżywać ten szu u um
systematycznie.

Jene Fernen, glaubt sie,
kreisen nah.
Sie trifft auf einen Rücken
und hops vor Schreck!

Die Deichsel des Großen Wagens

Sie lief zur Psychiaterin,
die sagte zu ihr
– Sternlein mein
und heute
– draufhauen!

Eine Gleichung mit zwei Blinden

des Herrn Gracian
der sie beide am Arm führt,
der beiden zuhört
mit zwei „ähä“

Die Cousine oder Stegyoga

Sie verabscheut das Wasser im Winter, zittert, es windet
aber sie führt sie täglich
zum Steg
die Blinde
meditierende
die immer wieder herkommt
um den Lä ä ärm zu erleben
mit Methode.

Strachy i wykroje

ona nie wychodzi
boi się dzwonków, cudzych stań u drzwi
wdusza się wtedy w pierzynę

jeżeli on jest, woła szeptem, szczypie
— lornetkę! lornetkę!
i każe mu przez lornetkę
kto w dziurce od klucza

potem się skarży
— lornetka przez dziurkę tak zniekształca
że, ojej, nie wiadomo kto to

Dawne imieniny na wsi

Kura z mizerią gotowa
pogoda jest
ona zęby założyła
łap za wiadro
po wodę
nachyla się
zęby w studnię chlup
a tu goście w drodze

Ängste und Schablonen

sie geht nicht aus dem Haus
hat Angst vorm Klingeln, vor Fremden an der Tür
dann kuschelt sie sich ins Bett

ist er da, ruft sie flüsternd, kneift ihn
– das Fernglas! das Fernglas!
und befiehlt ihm durchs Fernglas zu gucken
wer da im Schlüsselloch

dann beklagt sie sich
– das Fernglas durchs Schlüsselloch verzerrt so
dass man, oje, nicht weiß, wer da steht

Namenstag früher auf dem Land

Huhn und Salat fertig
schönes Wetter
Zähne rein
Eimer gepackt
Wasser holen
sie beugt sich vor
Zähne in'n Brunnen plumps
und die Gäste schon unterwegs

Inhalt

27 Steeehn! /
Staać!

29 Ich fahre jetzt in den Tag ein /
Przejeżdżam teraz w dzień

29 Den ganzen Tag /
Cały dzień

29 Man geht /
Chodzi się

31 Ich weiß nicht, /
Nie wiem, ile

31 Und sie, dies Glitzerding /
A ono, to świecidło

31 was wird das /
co tego

31 Und das ist sowieso so eine Ewigkeit /
A to i tak taka wieczność

33 Und hier messen wir alles in Schnaufern /
A tu się wszystko mierzy na oddechy

33 Wir tragen uns aus /
Donosimy się

33 Die Durchsichtigkeit /
Przezroczystość

33 Mit der Schnauze vom Neunten runter /
Gębą z dziewiątego w dół

35 Wie oft passe ich /
Ile razy się mieszczę

35 Eine Klette wie ein Elefantenohr /
Łopuch jak ucho słonia

37 Der Sommer wie ein Blatt im Graben /
Lato jak liść w rowie

Tante Angelas Verse /
Wiersze ciotki Anieli
(*Rozkurz*, 1981)

**Verse der Alten aus der Platte /
Wiersze baby z bloku**
(*Stara proza. Nowe wiersze*, 1984)

Fasultäten /
Fafultety
(*Stara proza. Nowe wiersze*, 1984)

Miron Białoszewski
Die Sonne und ich
Ausgewählt und aus dem Polnischen übersetzt von
Dagmara Kraus und Henk Proeme

Band 15 der Neuen Sammlung im 32. Jahr
der Engeler Verlage, Januar 2024
Umschlaggestaltung Marcel Schmid
Druck und Bindung Bookpress, Polen

ISBN 978-3-907369-17-3 [Buch]
ISBN 978-3-907369-24-1 [PDF]

http://www.engeler.de